"COSECHANDO MILAGROS"

Maximiliano Castillo

Aviso a Bibliotecarios: La catalogación bibliográfica de este libro se encuentra en la base de datos de la Biblioteca y Archivos del Canadá. Estos datos se pueden obtener a través de la siguiente página web: www.collectionscanada.ca/amicus/index-e.html
ISBN 1-4120-8386-9
Impreso en Victoria, BC, Canadá

Nuestros talleres gráficos utilizan "energía verde" de fuentes solares, eólicas y de otro tipo, las cuales no afectan negativamente al medio ambiente

Oficinas en Estados Unidos, Canadá, Reino Unido e Irlanda

Venta de libros en América del Norte y al extranjero:
Editorial Trafford, 6E-2333 Government St.
Victoria, BC V8T 4P4 CANADÁ
Teléfono: 250 383 6864 (llamadas sin cargo: 1 888 232 4444)
Fax: 250 383 6804; email: pedidos@trafford.com
Venta de libros en Europa
Trafford Publishing (UK) Limited, 9 Park Street, 2nd Floor
Oxford, UK OX1 1HH UNITED KINGDOM
Teléfono: 44 (0)1865 722 113 (tarifa local 0845 230 9601)
facsimile 44 (0)1865 722 868; pedidos.ru@trafford.com
Pedidos por Internet:
Trafford.com/06-0141

10 9 8 7 6 5 4 3 2

ÍNDICE

DEDICACIÓN 7

INTRODUCCIÓN 9

CAPÍTULO UNO

¿COMO VER UN MILAGRO DENTRO DE UN SEMINARIO CATÓLICO? 17

Dinero 35
Alcohol 38
Homosexualidad 40

CAPÍTULO DOS

Los Milagros Cuestión De Todos 47
Con Mis Propias Palabras 49

CAPÍTULO TRES

MILAGROS DENTRO DEL PRESBITERIO 73

La Eucaristía 73
La Confeción 76
La Comunión 80

CAPÍTULO CUATRO
MILAGROS DENTRO DEL PUEBLO DE DIOS 87
Religiosidad Popular 92
Hambre de fe 96
Abusando de la fe de los más pobres 100
Incomprensión para los más pobres 107

CONCLUSIÓN 109

AGRADECIMIENTOS 115

COSECHANDO MILAGROS

DEDICACIÓN

Quiero dedicar este libro a Dios y toda la comunidad latina que vive en Estados Unidos, por su arduo trabajo que día con día desempeñan con amor hacia la realización de un sueño.

También quiero dedicarlo a la gente que se entrega al servicio de los demás.

A mis padres y siete hermanos que siempre se han sentido orgullosos de mí, al igual que yo de ellos y a Dios por conservarlos con salud.

A mis amigos en general que me conocieron en estos últimos años y saben mi verdadera historia, reconociendo la calidad humana que hay en cada persona y que me motivaron a sacar del cajón de los baúl este humilde diario (mi libro).

Y por último a la familia Parks una familia de Estadounidenses que sin su apoyo moral y económico, no hubiera realizado

mis sueños en este País

INTRODUCCIÓN

Sabemos que los milagros solo se dan en las personas que tienen fe y que conocemos en cantidad de testimonios de personas que hablan de diferentes actitudes trascendentales, algunos lo hacen con el fin de sentirse escogidos por Dios, otros de corazón y de verdadera experiencia. Lo mas importante es saber que los milagros existen en la vida cotidiana, pero ante la sociedad material en la que vivimos solo importan los hechos o mejor dicho como Santo Tomás hasta no ver no creer, yo les quiero hablar de los milagros que se cosechan día con día los cuales podemos ver, sentir y palpar...

¿Saben cuántas personas tienen hambre y que luchan todos los días para poder comer y que para ellos esta actividad es un verdadero milagro? Creo que la respuesta la tiene cada uno de nosotros... es mucha la gente que se está muriendo de hambre en todo el mundo, y que sabemos que son miles, especialmente en latino-América, donde el hambre desgarra por dentro a toda nuestra raza, esto sí que es un verdadero milagro visible para todos ellos... el poder comer, y que por gracia de Dios siguen vivos de milagro como comúnmente lo decimos, pero eso sí, con una gran verdad en el fondo de esa expresión, donde la ternura y el hambre salen a flote.

Continuar vivos para ellos es un milagro de la manera que sea, con alimento o sin él.

En los siguientes capítulos quiero plasmar una experiencia personal, una vida llena de confusiones sobre la fe en la Iglesia humana que Cristo dejó. No quiero convertir este libro en algo reflexivo, es algo sencillo que una persona en mi formación sacerdotal me pidió en algún momento.

Lo que sí quiero dejar muy claro, es que existe algo trascendental y muy fuerte, que no está a nuestro alcance comprender, no sé si sea Dios Padre, si sea una Virgen, Buda o tantos dioses que se dice existen, ¡pero algo mas allá de nuestro alcance... existe, existe!

Durante mi estancia en un seminario católico donde se me trataba de formar para ser un buen Sacerdote, lo que menos se me inculcó fue como retroalimentar la fe, con la que innatamente nace el ser humano, lo que si había eran solo libros, grandes teorías, documentos eclesiáles, filosofía, teología, pero muy poco o nada por continuar con mi religiosidad popular, que sin lugar a duda para Dios es lo más importante, sobre todo la pureza de la juventud.

Hablaré de las personas que deberían estar involucradas en un milagro, desde sacerdotes, pastores hasta religiosos y laicos, -aclaro no es ataque personal contra alguna institución, religión o secta mucho menos invitar a mis lectores a cambiar de religión- es solo una experiencia personal, vivida y con la gran interrogante de como ver o adquirir un milagro.

¿Tendrán acaso los sacerdotes el poder de hacer surgir un milagro...? Porque recordemos que ellos adquirieron en el momento de la ordenación sacerdotal la potestad de poder expulsar demonios, inclusive, de que el veneno de las serpientes no les haga daño, como se dice en el evangelio o acaso, quitar la ó es que no hay la suficiente fe para tener esa misión, porque durante la formación sacerdotal, no hay una sola materia que diga: "como continuar con nuestra fe que adquirimos en nuestras familias", porque aprender letras de libros y vivir repitiéndolas toda nuestra formación, no da la experiencia que nuestro pueblo necesita.

Lo mas importante de este escrito, es hacer que se escuche muy sencillo en vocabulario, ya que es dirigido al pueblo que menos sabe de letras y de concilios, gente que lo único que busca es un poco de importancia en una vida marcada por la marginación Social, (incluyendo

representantes de Dios de ciertas religiones).

CAPÍTULO UNO

¿COMO VER UN MILAGRO DENTRO DE UN SEMINARIO CATÓLICO?

Recuerdo el año de 1995, cuando la ilusión de ingresar a un seminario católico era lo máximo para mí, en ese momento, con muchísimas ilusiones decidí hacerlo a pesar del desacuerdo que existía entre mis padres, principalmente mi madre, que no quería verme con vestidos como lo expresó en el momento de tomar la decisión.

Era una fe pura, limpia y sin maldad; en ese momento yo no sabía que me estaba acercando al enemigo número uno en derrocar la fé de muchos jóvenes (seminario), que al hacerlos soberbios, interesados y materialistas no consigue el verdadero fín al cuál deseamos llegar, desde luego con estos antecedentes no puede existir el amor que Cristo necesita para un buena misión pastoral.

Los momentos mas importantes que viví

dentro del seminario eran muchos, que en el instante no los consideré importantes por el mismo ambiente que se vive dentro de la casa de formación, eran actitudes grandes, pero muy pequeñas para los habitantes de la casa, era como una especie de actitudes anticristianas, postura que explicáre en los siguientes párrafos.

Actitudes:

1.-La oración matutina.

Era como un calvario, el levantarme a rezar y no solo a mí, si no al 99% de la comunidad, a las 6:00 AM, era un verdadero suplicio hacer el sacrificio por el todo poderoso y los que lo llegaban a realizar era solo para que los sacerdotes formadores o los Padres disciplinares los observaran, sin importar que los ojos de Dios eran los más importante en el crecimiento espiritual del alumnado; lo esencial para el seminarista en ese momento era quedar bien con el encargado, disciplinar, sin tener cargos de conciencia, si se estaban formando convicciónes o no; inclusive, algunos de nosotros teníamos conocimiento de que ciertos días los Padres estaban por la mañana en la Capilla, al momento de iniciar las actividades ordinarias, ya que ellos normalmente tenían actividades eucarísticas con diferentes grupos religiosos que el Obispo les había asignado, por consecuencia les era en ocasiones imposible asistir a las actividades matinales de la casa y era entonces cuando teníamos que levantarnos a la oración matutina, a un en contra de nuestra propia voluntad, era necesario hacerlo; no era ni por convicción, ni por vocación, era mas que nada por obligación con alguien que solamente haciá la función de mediador entre Dios y los alumnos.

Pienso que el haber valorado la actividad que aquí menciono, la hubiera considerado como un verdadero milagro; ver el nuevo amanecer, respirar aire puro y el poderme contactar con Dios, con sus maravillas diarias y agradeciendo el tener esa virtud de poder dedicarme solo a El, -día y noche- y poderle demostrar mi reconocimiento de no estar en lo agitado que se vive en el mundo de hoy.

2. -El desayuno, la comida y la cena.

Eran partes fundamentales dentro de nuestra formación, como momento de convivencia y de trato con otros compañeros de la comunidad, sin saber de donde venían los alimentos o peor aún, que posiblemente había gente que se estaba sacrificando para que nosotros tuviéramos el pan de cada día, con la esperanza de que en el futuro surgieran nuevos sacerdotes buenos y entregados a la Iglesia.

Eso era lo que menos importaba para todos nosotros, solo tenía importancia que clase de comida recibíamos y criticar que la comida era fea y de mal gusto.

Yo le quiero preguntar al actual seminarista, como lo mencione al principio,

¿Saben para cuanta gente en el mundo el comer lo que sea, es un milagro....? Y la respuesta es la misma, son miles, pero como nosotros nos estamos formando para ser pastores, pensamos que merecemos lo mejor y lo mejor para el pastor y para los futuros pastores debería de ser, la calidad humana que Dios quiere que ofrezcan a la gente que no ve milagros de esta categoría, como la comida.

Posiblemente con la gente que tiene hambre y que es pobre, nunca convivamos los seminaristas y los curas, porque ellos no tienen los medios para ofrecernos algo material, aunque sabemos que están ahí como un pueblo de Dios, pero marginado; a diferencia de la gente que si lo tiene y que no necesitan de Dios con la misma intensidad que el más desvalido, en cambio es la que tiene la mayor de nuestras atenciones y suelen ser nuestros círculos sociales.

Sacerdotes diocesanos principalmente, yo, un simple laico. les aseguro que si ustedes un día acuden sorpresivamente a la casa del más pobre de la parroquia y dan algo de lo mucho que reciben en ocasiones sin merecer, estarán tocando un poquito de la gloria de Dios y en ese momento Dios sonreirá, porque eligió bien cuando hizo un llamado que no distorsionó.

Es bueno que por un momento se olviden de tantas y tantas misas, que no porque no celebren algunas, van a dejar de comer o peor aún se le pierda el valor y la importancia que tiene la eucaristía (la misa) y mucho menos se llegue a molestar el que está en el Cielo, por hacer tales obras de caridad. Hago alusión principalmente para los que creen que por estar en un importante puesto del gobierno eclesial están mas cerca de Dios, cuando el que esta más cerca es aquel que vive lejos de la civilización y que no es atendido por ningún pastor.

3. -Dentro de estas actitudes esta una de los más importantes: el hablar de Cristo o de Dios en sus casas de formación.

En conversaciones ordinarias como en el dormitorio, o en otros lugares de la casa, era como un tabú tocar temas con referencia a Dios, donde la persona de Jesucristo era un fantasma y se sentía como si se prohibiera hablar de El, se percibía como que si solo la capilla era el lugar donde se podían tocar esos temas o en su defecto en retiros o ejercicios espirituales que en actividades estos eran iguales, solo con la diferencia que uno se escuchaba mas bonito que otro. Un ejemplo fue cuando recién entré a el seminario, uno de los compañeros que sabía tocar la guitarra me pregunto juntamente con otros de sus compañeros, -aclaro esto fue el primer día- algo que pensé que nunca escucharía en ese lugar y que la gente piensa que no existen en los seminarios católicos y me dijo: "¿he *guey* quieres que toque una canción, cual quieres"? y yo le conteste pensando que era lo mas normal... canta él gloria, un canto de la misa dominical y el me respondió muy sutil, ahora no es hora de tocar eso y soltó la carcajada junto con sus compinches y yo quedé como el tonto que no conoce las reglas del juego, pienso que si vivíamos en su casa (de Cristo), podíamos hablar de El en el momento que se le ocurriera a cada quién, fué cuando aprendí que tenía que acoplarme yo a ellos y no ellos a mí, ya que ellos tenían mas experiencia en la formación sacerdotal, yo solo era un novato que experimentaba actividades nuevas todos los días, hasta que me hice como cualquiera de ellos, era necesario acoplarme a los demás, si no lo hacía, era el anticuado, la monja y otros sobrenombres como santurrón, pero algunas veces hasta palabras ofensivas se escuchaban en la comunidad.

Creo que si no me hubiera acoplado a ellos me hubiera pasado lo que le ocurrió a uno de mis compañeros, que salio involuntariamente huyendo de la comunidad pues él no se supo darles por su lado y automáticamente la misma comunidad lo expulsó, en esos momentos yo pensaba como todos y creía que él estaba mal, que tenía que salir de la institución, creo que hasta nos alegramos cundo salió, y lo hizo, buscando horizontes lejanos en los Estados Unidos y nuevas expectativas de vida. Le deseo que ahora sea un gran sacerdote y que rece por los que no merecíamos estar en ese lugar; sin tanto rodeo se hacía clara la ley del más estudiado y del de mas trayectoria o en su defecto el que más se acercara a la ordenación sacerdotal era el mas digno para juzgar, parecía como si el que más se aproximaba a ese momento más inteligente se volvía, desde luego que era una mentalidad errónea, eso era falso, tal vez la inteligencia les venía de los pies.

Solo cuando los alumnos estaban en su etapa culminante de seminario, era cuando se hacían más nobles pero sólo enfrente de algún sacerdote formador y sólo mientras llegaban a la imposición de manos del Obispo (la ordenación sacerdotal), posiblemente podía suceder que se decepcionara de su persona ya fuera el rector u otro sacerdote encargado de su conducta, creo que de alguna manera esa actitud era comprensiva, porque los sacerdotes también andaban buscando cualquier pretexto para decirles que no eran dignos, como ellos, de llegar a tan anhelado Don, pero eso sí... hay sacerdotes que fueron mis compañeros que son lo que son, solo por llevar información negativa de compañeros a los formadores o es que, acaso son sacerdotes solamente por haber sido chismosos... que fácil no; creo que es un buen tic para los seminaristas actuales.

Por el contrario creo que entre más hablemos de cristo dentro de SUS casas de formación, más sagrada se hace la institución, no importa que estés estudiando filosofía o lo que sea, es más importante alimentarte del Espíritu de Cristo, que las teorías y las grandes letras de la teología que se estudia en ese lugar.

4. -Los milagros más bonitos dentro de ésta institución eran dos:

El primero eran las ganas que ponían las religiosas que vivían en el seminario en preparar los alimentos, a pesar de que no eran grandes banquetes y que tampoco tenían mucho de donde escoger para preparar, pero se veía que lo realizaban con un verdadero amor a Cristo, aunque a veces los seminaristas ni siquiera agradecíamos los grandes sacrificios que estas personas realizaban a favor de nosotros.

El otro milagro fueron las convivencias familiares, era el momento de recrear la fe en Cristo y en las familias de los

compañeros, nos hacían sentir la primera fe con la que iniciamos nuestros estudios, las convivencias familiares servían para hacerles saber a nuestros padres que todo era perfecto y de admiración; desde luego ellos nunca se daban una idea de cómo se vivía en el interior y en la vida diaria.

En el seminario se nos decía que si nosotros platicábamos de nuestras cosas a otras personas supuestamente estas personas no las entenderían, por eso en las convivencias que teníamos con la gente que venía de fuera, incluyendo nuestros familiares, era únicamente aparentar la perfección que no existía en el interior del seminario, como si los demás no comprendieran las cosas de la vida y los errores de los humanos; tales situaciones solo se compartían con los mismos compañeros de la casa o en su defecto con los sacerdotes amigos que teníamos de la misma formación sacerdotal.

Actualmente, muchos compañeros ex-seminaristas aún mantienen ese sigilio, por no poner a pensar a nadie, con los

anti-valores que vivieron en su corta o larga formación y que saldrán durante el transcurso de la redacción de este libro.

5. -La enemistad y la hipocresía.

Son rasgos que nos caracterizan dentro de esta institución, es la gran rivalidad entre seminaristas y sacerdotes, era como jugar al gato y al ratón, no había confianza y sí había un acercamiento de cualquier tipo, siempre había una especie de barreras y de dobles caras, nunca había la apertura de corazón que Jesús quería, la confianza, paciencia y compresión, desde luego eso no existía.

Por un lado los sacerdotes formadores solo estaban esperando un momento de una falla del estudiante y el seminarista cuidarse con sus mil caras de ellos, para que no fuéramos descubiertos de las actitudes que en ocasiones ellos mismos solapaban. Actitudes que los mismos sacerdotes provocaban con su inseguridad y con su desconfianza por la poca capacidad de comprender problemas de jóvenes, siendo ellos también jóvenes y sin experiencia, nos convertíamos por nombrarlo de alguna manera en enemigos al mismo tiempo hipócritas.

Recuerdo en mi segundo año de estudios, solamente cursaba primero de filosofía, después de una etapa introductoria de un año. Esos meses fueron el momento en el que muchos de mis compañeros renunciaron, y no solo al seminario si no también a su fe en Cristo, la rivalidad entre ambos bandos de seminaristas y sacerdotes era grande, por un lado los Presbíteros tenían chivos expiatorios dentro del mismo alumnado, eso era cosa que los alumnos no soportaban y pedían la expulsión de los Padres formadores de esos tiempos, por unos nuevos y verdaderos representantes de Dios, existían políticas interiores dentro de los mismos sacerdotes formadores, pues ellos también querían el poder del seminario, solo que todo se manejaba muy sutilmente; en ese tiempo los alumnos mas avanzados en estudios decían que no involucraran al grupo de primero pues supuestamente no entenderían los problemas (siempre los mas estudiados pensado que los que menos saben de letras tienen menos capacidad de entendimiento, (era una gran característica de soberbia) y que preferían no involucrarnos para que supuestamente no fuéramos perjudicados en el proceso vocacional, aun no estando involucrados fue el grupo que más perjudicado resultó, creo que mis compañeros de esos tiempos lo recuerdan perfectamente y lo peor que paso fue que salió el tiro por la culata o como dicen fue peor el remedio que la enfermedad y desde luego el Obispo cedió a las peticiones del alumnado ya que los desmanes no se hacían esperar; desde la destrucción de artículos decorativos de la casa, hasta actitudes mal vistas hasta en un reclusorio. Cuando el Obispo hizo esos cambios, las piezas se acomodaron; los sacerdotes que querían el poder lo lograron, al grado que en un tiempo se expulsaron a todos los seminaristas, siendo 120 alumnos y según los nuevos sacerdotes en la casa, ellos mandarían llamar a los más dignos de alcanzar el sacerdocio, donde solo regresamos 80 estudiantes

según ellos inspirados por Dios, regresamos únicamente los mas dignos de alcanzar tan anhelado Don, para la sorpresa de todos los mas dignos no regresaron, al ver tanta falta de respeto en la misma casa de Dios, políticas que nunca entendí del todo ni el porqué el problema entre seminaristas y sacerdotes. Lo que si estoy seguro, es que hubo sacerdotes que su dignidad humana fue humillada al punto de salir de la ciudad, con el pretexto de que se iban a Roma a estudiar cualquier cosa. Fuimos malos en ese sentido y hasta crueles.

Después de muchos problemas dentro de la institución, se corría el rumor que el seminario Arquidiocesano de ese Estado, ya estaba amonestado por la Santa Sede, de ser así este seria clausurado por ciertos problemas que con anterioridad habían surgido y para decir verdad esos problemas no los conozco, porque habían pasado varios años atrás mucho antes de que yo ingresara, que en si y para decir verdad, esos problemas yo no los se, (creo que por eso el Obispo le hizo caso a los alumnos, no

le convenía estar tan mal ante la Santa Sede o de lo contrario su gobierno eclesiástico y su reputación obispal no se recordarían con agrado sino todo lo contrario, hubiera sido mas bien como un gobernante que no supo administrar sus presbíteros y el gobierno que se le había encomendado).

Dentro de estas actitudes claro que yo participe en muchas de ellas, en su momento no las consideré importantes o como desagradables a Dios, pero la vida me enseñó a valorar las cosas sencillas y grandes de la vida, como el haber estado en la institución seminario en esos momentos muchos de los compañeros lideres de las manifestaciones dentro del seminario, son sacerdotes y esos problemas no existen ya en sus vidas o no se acuerdan de como llegaron a donde están, inclusive algunos se ponen de malas recordar la vida del seminario, pero si los exseminaristas lo llegamos a hacer somos casi excomulgados por poner en práctica la libre expresión, como cuando decidí hacer este escrito medio mundo de este medio me retiraron la amistad, por decir solo la verdad y que los mas importantes (el pueblo) conozcan algo que ellos mantienen con su trabajo y oraciones.

No quiero que el pueblo conozca estos problemas para que se decepcione o para que les retire la ayuda a estas instituciones, lo hago para que seminaristas se den cuenta de la importancia de estar en un lugar como lo es el seminario y para que verdaderamente sepan responder a las exigencias de lo mas importante que es el pueblo de Dios, pero principalmente a que sean sinceros consigo mismos en las decisiones de la vida.

-Aprovecho este espacio para decirles a los que piensan salir del seminario o son expulsados por la razón que sea que no olviden que Dios los va a ayudar a encontrar algún trabajo o estudiar algún oficio, porque creo que los que salen necesitan mas ayuda que los que se quedan adentro, ya que salen sin ninguna arma ante la vida a enfrentar al mundo y que eso la iglesia no lo toma en cuenta, aunque hayan estado diez años en la formación sacerdotal; los que han salido de este lugar saben que es verdad enfrentarse a una sociedad y pensar que no podrán encontrar algo interesante-.

No piensen que por salir del seminario son menos importantes para Dios o que la devaluación humana cayó sobre ustedes, al contrario, deben tener mas ganas de poner en práctica lo aprendido y no sentirse exiliados de la iglesia católica, hay el mismo valor que el de cualquier otra persona incluso que los mismos sacerdotes.

Hablar de la vida del seminario es muy complejo pero mi verdad y los que la conocieron en sus tiempos no me podrán refutar, incluso compañeros sacerdotes saben de la verdad sobre los problemas antes mencionados, incluso el Obispo de esos tiempos ahora emérito de esa ciudad o jubilado para que todos entendamos..

Todo el mundo habla de los errores del Sacerdote pero nunca hablan de la formación sacerdotal, que es el primer elemento por el cuál los futuros sacerdotes fallan, como los protagonistas de los enemigos de Cristo que son: el dinero, el alcohol y la homosexualidad, desde luego que en sus excepciones hay dos de cien en su verdadera entrega en el amor al Señor, tal es el motivo por el cual realizo este escrito, porque la primera falla viene del seminario donde supuestamente se forman o se deforman los ministros del Evangelio.

+Elementos negativos frecuentes en la institución o actitudes anticristianas.

DINERO

Hablar de esta actitud es un poco desagradable, pero la realidad es que los milagros no surgen con ningún peso, aunque la gente piensa que mientras aporte mas a la Iglesia, mas cerca de Dios está y mas fácilmente se les concederá un milagro, como en el tiempo en el que se vendían las indulgencias, era donde valía mas lo material que lo moral. Grandes representantes de la Iglesia perdonaron por dinero pecados que según ahora la Iglesia Católica serian imperdonables, estas actitudes a veces son aprovechadas por los sacerdotes y en las colectas del seminario donde los alumnos piensan que como el seminario son ellos, tienen derecho a quedarse con lo ajeno o con una parte de lo que la gente aportó ese día por amor al seminario, desde luego que si el sacerdote encargado descubre que alguien tomo dinero y aunque sean solo especulaciones y contradicciones paga el justo por el pecador y el verdadero ladrón se convierte en un gran sacerdote, ocultando muy bien el defecto del dinero.

Los sacerdotes encargados de la formación tachan de ladrón al que no lo es, aun sabiendo que en sus etapas de estudiante probablemente hicieron lo mismo.

Es muy común dentro de estas instituciones que los estudiantes encontremos una vida de placer y de estatus económicos buena, ya los que ingresamos somos de recursos medios y muy pobres, poco común vemos a alguien con dinero dentro de los seminarios Diocesanos, y cuando lo encuentras es el mas entregado por no desear nada económicamente hablando, es por eso que cuando descubrimos que en la institución hay buena posición económica algo que nunca tuvimos en nuestra casa, nos convertimos en ambiciosos, egoístas y preferimos estar en esa posición, que aunque no sea nuestra vocación podemos sobrellevar ese estado de vida aun sin ser felices, que es uno de los llamados de Dios (a ser felices).

Dios llama de muchas maneras y demasiadas veces en la vida, una de ellas es a ser felices como un deber u obligación.

En el seminario al descubrir la comodidad y la buena vida nos da miedo experimentar la vida solos, únicamente por la protección que este ofrece, eso me pasaba como a muchos en la casa seminario, antes de experimentar la vida del mundo, pero quiero decir que al principio fue difícil para mi en un país desconocido, pero con la vida diaria, el trabajo y las ganas de salir adelante, se puede encontrar la verdadera felicidad, encontrando desde luego una cantidad de obstáculos y con gente mal intencionada que son capaces de llegar al grado de la denigración personal sin importar el estado moral de cada persona, obstáculos que he sabido sacar adelante con la ayuda de gente que ni siquiera el mismo idioma hablamos.

Por otro lado a los sacerdotes les quiero decir que por favor no vendamos los sacramentos, como en un mercado, que eso se les ha dado gratis y sin cargos se tiene que ofrecer.

ALCOHOL

Este es un problema, tan común en el presbiterio (comunidad sacerdotal), como los problemas económicos en nuestra sociedad, la diferencia es que dentro de una comunidad cristiana, no debería existir, por la supuesta orientación y conocimiento acerca del problema.

En este problema como en otros el libertinaje era fácil, la comunidad seminario se destaca por definir las características de los futuros sacerdotes, tal vez en esta ocasión no exista un problema arraigado al grado de buscar desesperadamente un trago, pero hay (incluyo) alumnos que les es muy fácil llegar a una botella sin respetar el vino de consagrar.

Los momentos que mas disfrutábamos los alumnos del seminario era cuando algún sacerdote tenia aniversario de ordenación o algún cumpleaños de cualquier sacerdote que el seminario fuera invitado al evento o en su defecto una fiesta patronal, los mismos laicos deberían de apreciar con mas cuidado y sabrán que es verdad las actitudes anticristianas de los futuros sacerdotes y de los mismos curas.

En los eventos antes mencionados sabíamos de antemano que habría alcohol, momento de dispersión para poder acudir a otros lugares y continuar con el ambiente y la diversión, en esos momentos desde luego que se nos restringían esas actitudes, pero como dicen por ahí, las leyes se hicieron para violarlas y claro que ese era nuestro caso, se nos prohibía todo tipo de actitudes con relación al alcohol, pero una vez siendo cura, los que deseaban esto era como desatar un animalito que había estado atado por mas de 9 años, que regularmente una vez siendo sacerdote nadie quiere regresar o recordar la institución porque de alguna manera se prohibía la convicción de la bebida como muchas otras.

HOMOSEXUALIDAD

Problema del seminario que lo puedo considerar como el mas notorio, no soy un gran psicólogo pero para saber esta característica no se necesita serlo, desgraciadamente se hace caso omiso a esta situación, siento que es el lugar donde se pone aprueba la sexualidad de muchos de los integrantes en formación, me siento participe de esta y de todas las actitudes desagradables, y no desagradable en el sentido de ser o no homosexual, si no mas bien desde el aspecto de realizar actos desagradables dentro de la misión salífica que Cristo tiene para cada quien.

Después de estar fuera cinco años del seminario considero que las personas que tienen esta preferencia sexual, son únicamente victimas de la sociedad y de la misma Iglesia que los repudia, pero que no repudia a todos los miembros que están dentro del gobierno Eclesial con esta característica, tampoco repudia a los que practican la pedofilia (abuso sexual de los infantes) los amantes del dinero y el alcohol, claro viendo estos problemas desde el interior de la jerarquía, son malos pero solo para los de fuera, para ellos esta bien, si digo que participe en todos los aspectos arriba mencionados es un problema desde luego que no fuí yo solo, mis compañeros coparticipes ahora, son sacerdotes, que supieron internarse en un ambiente de opulencia, que sinceramente no creo que hayan hecho una reflexión sobre sus errores y defectos, pues en nuestra formación siempre pensábamos que el cambio se vería siendo sacerdote y como nos decían en las clases, la ordenación sacerdotal no es un momento mágico donde la imposición de manos cambie lo humano por lo angelical.

Invito a los seminaristas a ser sinceros

consigo mismos y a los que llegaron al sacerdocio pensando ser honestos pero sin serlos es mejor que se retiren y busquen su verdadera misión, algunos de mis compañeros en el seminario, utilizaron a otros para realizar sus bajezas para después acusarlos de ser homosexuales y a base de chismes estas personas son Sacerdotes indignos de estar enfrente del altar, yo les aseguro a estas personas que su sacerdocio no vale, por no haber convicción al momento de su ordenación sacerdotal, inclusive como el mismo concilio lo dice.

Desde luego uno como seminarista o sacerdote cuando lee algún articulo invitando a tocar fondo o reflexionar sobre la vida, pensamos que el mensaje no es para uno, aun sabiendo que el problema ahí esta, – cada quien se puede hacer tonto de la manera que quiera – y como dice el salmo *"Dios solo escucha la oración de los justos"* y son los justos los indicados de estar enfrente de Dios y no la gente pecadora y de mala voluntad que hay en el mundo.

CAPÍTULO DOS

LOS MILAGROS CUESTIÓN DE TODOS

Las características principales de la vida es cuando pensamos que todo se nos debe proporcionar de la manera más fácil, esto en diferentes aspectos de la vida, como por ejemplo pensamos que la muerte es cuestión de otras personas y que nunca nos veremos envueltos en una situación de esta magnitud, ni siquiera la consideramos como parte del ciclo de la vida, pero menos contemplamos que todos los días nos levantamos con buena salud, si lo miráramos de manera subliminal sabemos que Dios nos da la vida y nos la quita y así convertir el nuevo día un milagro otorgado por Dios.

En ocasiones queremos ver las cosas mas palpables mas físicas y hasta cuestionamos la decisiones de Dios sin saber el porque de las experiencias propias de la vida y llegar a considerarla como la parte de crecimiento de un caminar con un fin cercano a cuestionamientos del ser.

Los milagros cuestión de todos es la realidad de cada uno de los que creemos en El, tanto ricos como pobres necesitamos decir que Dios nos hace milagros todos los días, algunos de una manera a otros de otra pero siempre estamos en consideración de sus planes salvificos solo que debemos explotar la capacidad de saber descubrirlos.

Cuando pensamos en el dolor y el sufrimiento que nos toco vivir, pensamos que es un castigo de Dios y en ocasiones son situaciones que con los días y con un poco de reflexión tienen solución. Pensar en estas palabras (dolor y sufrimiento), tienen un nivel mas alto que quizás no lo soportaríamos, se necesitan situaciones duras de la vida para saber que estamos sufriendo casi al borde de la muerte aclarando también que la muerte no es un sufrimiento, si no mas bien la paz que todos buscamos como fin ultimo.

Recordemos que el tener comida diaria, algo de salud, poder respirar, y realizar un sin número de cosas, no es por que seamos muy buenos, si no porque Dios lo permite y somos parte de su creación, por que hay otras personas que no pueden decir lo mismo ya no están con nosotros.

CON MIS PROPIAS PALABRAS

Cuando salí del seminario, siempre pensé que no podría vivir sin ese estilo de vida que había en la casa de formación, después de esta experiencia decidí viajar a los Estados Unidos de inmigrante ilegal, para conseguir la experiencia de trabajo que según mis padres formadores necesitaba, los primeros meses fueron muy difíciles porque de no hacer nada durante 5 años, vengo a trabajar a la construcción, trabajo que es duro y sacrificado pero gratificante, no me dejaran mentir mis compatriotas en este país, que después de una vida de placer y confort, la situación según para mi era denigrante, creía que había nacido solo para que la gente me sirviera, una orientación mal dada por la institución o mas bien no por el seminario, algo creado por el ambiente de la casa.

Fue con el paso de los años que me di cuenta que el trabajo por mas humilde que sea nunca denigra a nadie, que al contrario construye para la vida y para la realización personal, las ganas y el hambre de salir adelante fueron motor para pensar en algo grande... Mi libro...que al momento de escribirlo siento como una especie de liberación, en ocasiones pienso que este escrito me lo agradecerán cientos de exseminaristas que encontraron su realización personal fuera del seminario, ahora sigo con mis creencias con las que me inculcaron mis padres que gracias a Dios las logre rescatar y obtener identificarme con una característica personal... tratar de ayudar al que necesita... y tratando de superar muchos de mis defectos, principalmente para construcción personal.

Hace un par de años pensaba en entrar a un seminario en la ciudad de Miami, un sacerdote Español me invito a una congregación, lugar donde considero que el reglamento en mas estricto, mis convicciones eran un poco mas estables que cuando curse los 5 anos de seminario, después de un sin número de trámites, lo que mas le convenció al cura español, fue el testimonio de un sacerdote de mi primer seminario, que tenía mas de dos caras.

Cuando tome esta decisión primero consulte con este sacerdote (en México) del cual quisiera decir su nombre o encararlo ya que en primera instancia el me comunico con sus propias palabras, que podía continuar mi formación en cualquier seminario, cuando el me dió luz verde yo realice todos mis tramites seminaristicos, una vez hechos el rector de la casa en Miami me dijo que había recibido informes desagradables del sacerdote en México, mismo que había accedido a que continuara con todos los tramites, el Presbítero en Miami me dijo: "si quieres ingresar a nuestra casa tendrá que ser con muchas reglas y desde luego tienes que realizar una carta donde digas todo acerca de tu vida" Desde luego con esa desconfianza no acepte, ahora siento que fue lo mejor, pues nunca hubiera sido feliz, -pero aquí esta la carta señor cura con toda mi verdad- la diferencia es que ahora encontré a Dios en la gente que lo necesita y no en un seminario que con las actitudes antes mencionadas creo que DIOS... No está.

En este sencillo escrito quisiera decir todo lo que mi pecho tiene guardado, pero creo que los que me conocen saben que ahora soy sincero con mi vida y que la gente que lee este libro, debe saber lo que pasa dentro de un seminario y que se quite de la mente que la perfección existe en esos lugares, por que nadie esta mas cerca de Dios que uno mismo, la única diferencia es que podemos interceder unos para otros.

Son tantas cosas que enredan las instituciones, pero sobre todo la amistad que cada quien encuentra dentro de casa, amistad que no la considero normal, mas bien posesiva o anormal, muchos fueron mis amigos pero en particular recuerdo a uno el cual realizamos tantos actos que eran desagradables a Dios, en ese momento el acuerdo era mutuo en llevarlos a cabo, pues nos disculpábamos con el sentimiento de la amistad, que incluso que de nuestros actos de bajezas nadie, ni su familia, ni laicos, podían sospechar hasta donde un seminarista puede llegar, posiblemente nuestros formadores lo sabían posible no o nuestros amigos de seminario sospechaban, pero muchos de ellos andaban en los mismos pasos, la diferencia es que a tiempo pude reconocer mis errores mientras que mi "amigo" sigue engañando a Dios y engañándose a sí mismo.

Dos años mas tarde, con la poca comunicación que teníamos él desde luego en el seminario y yo en los Estados Unidos, me dijo que nuestra amistad de tres años había sido un error y que estaba arrepentido de todo y que la relación vía telefónica que teníamos era negativa para el, que prefería que no nos volviéramos a comunicar, por su bien espiritual, pero en ese mismo momento el continuaba con sus actitudes de maldad, solamente que con diferente persona, esto porque me lo confió un sacerdote que era amigo nuestro durante nuestra "amistad". Ahora creo que ya es sacerdote o no lo sé, solo se que este tipo de personas, no les es valido el sacerdocio como antes lo mencione, como muchos que se encuentran escondidos dentro del clero, pero que los resultados serán después de experimentar su infelicidad, todo por hacer lo que menos les gusta que es llevar a cabo lo que la Iglesia pide la castidad, la pobreza y la obediencia.

Cuando una persona no esta llamada para servir a Dios, se nota al poco tiempo de haberse ordenado sacerdote, al principio de su ministerio todo es nuevo, es como un recién casado donde todo es novedad, pero con el paso de pocos años siguen en el ministerio solo que con el defecto que los arrastra desde su formación sacerdotal u otros tienen el valor de renunciar al sacerdocio y de enfrentar la vida que a veces no es fácil pero se logra la felicidad que posiblemente nunca hubieran encontrado en el lugar equivocado, de ahí que en la actualidad vemos sacerdotes corajudos y gruñones que lo que menos irradian es felicidad por su vida de frustración que tienen, pero también encontramos sacerdotes santos en menos proporción pero los hay.

Tal es el caso que actualmente he visto en este país sacerdotes de mi lugar de origen, incluso amigos de formación que tratan de explotar gente, muy a su manera, muy sutilmente pero haciéndolo y poniendo todo tipo de pretexto ya sea de salud o de necesidad personal, recuerden todos los sacerdotes y seminaristas, que cualquier cosa la gente la puede perdonar pero lo que no disculpa es que no sean sinceros con uno mismo.

En ocasiones creo que los mismos religiosos por el hecho de no haber seleccionado bien el estado de vida que ahora tienen, necesitan una orientación vocacional, orientación como la que muchas veces ellos comparten sin quedarse con ella, la misma gente puede ver en el sacerdote de su parroquia si este es bueno, tiene atención por los pobres, convive con la comunidad, tiene tiempo para cada una de las personas de la parroquia, se mantiene alegre o no, si no mas bien y en su defecto siempre esta enojado, en ocasiones la misma gente tiene miedo acercárseles o hasta preguntar cualquier cosa, si las primeras actitudes las tiene el sacerdote de su pueblo me quito el sombrero todos los respetos para él y si no es así que piense que Dios no lo quiere con El y que en el juicio este será juzgado mas severamente.

Las actitudes de Jesús fueron mas buenas, de nobleza, de atender a la gente con paciencia de misericordia para el más necesitado y pocas las veces en las que lo observamos enojado en la escritura, esta actitud lo hacia muy humano como nosotros y solo era con las personas que faltaban a las leyes que su Padre Dios había dispuesto en antiguo.

Hace tiempo leía en el Internet, un pagina del Vaticano que decía uno de los voceros del Papa, que todo sacerdote con tendencias homosexuales debería ser retenido y no ser ordenado o de lo contrario no será valido por la anticonvicción con la que se llega al ministerio sacerdotal, cuando leía esto, recordé todas las personas en mi Diócesis y de una Arquidiócesis hermana, de los sacerdotes y compañeros seminaristas ahora sacerdotes, que me expresaron su sentir en cuanto sus preferencias sexuales y desde luego compañeros que se ganaron el sacerdocio divulgando sus experiencias de sus supuesto acoso sexual de otros compañeros pero participando de tales actos, solo con la única ventaja que ellos fueron a denunciar primero y según ellos eran victimas cuando físicamente eran mas fuertes que los que tenían tendencias de homosexualidad, pero en si, lo que creo es que esas personas que se decían ser hombres y sobre todo puros, también participaron en esta clase de juegos, solo que ellos ahora para la iglesia y para el pueblo son no precisamente "santos". ¿Pero habrá mal que dure cien años? y la respuesta es si, porque la Iglesia que dejo Cristo tiene dos mil y no como un mal, si no el mal que le han puesto sus integrantes y representantes durante toda la historia de la iglesia católica, como en el tiempo de la inquisición y en la actualidad que, aunque en tiempos diferentes pero con problemas similares.

La Iglesia es la única institución que ha aguantado todos los males y errores humanos desde sus inicios hasta la actualidad y no se ha desmoronado gracias a que Dios es más grande que el mal humano y si la iglesia es humana y hay errores, es mas divina y puede mas que lo terreno.

También leía un apartado en el mismo lugar de la Arquidiócesis que me compartió poco de su formación sacerdotal, en donde el Sr. Obispo agradecía a todos los sacerdotes por la opción preferencial hacia los pobres, -que risa- esto son solo palabras que se escuchan bonitas, la verdad es que los pobres saben que no es cierto, no hay opción para ellos, si no mas bien para el que mas tiene, eso se puede ver en cualquier parroquia, solo tenemos que ser atentos, inclusive podemos ver todos los eslogan religiosos muy motivantes pero poco profundos en la acción y en práctica.

Lo mas triste de mi experiencia personal es la falta de comprensión de un sacerdote que se decía ser mi amigo, al momento de compartirle mis problemas y platicarle mis inquietudes acerca de mi libro este humilde escrito, lo único que hizo fue hacerme ver que mi vida estaba llena de errores y que por haber salido del seminario en condiciones no muy buenas, me hizo sentir de lo peor, ni como amigo ni como sacerdote, ni siquiera como humano me comprendió, en ese momento sentí que mi vida no valía la pena y que no servía para nada, hasta me llegue arrepentir de publicarlo, pero gracias a los verdaderos amigos y a Dios me hicieron ver que mi vida no dependía de alguien que ni siquiera era especial en mi vida y que lo tenia que realizar y no dejarme caer por que en nuestras vidas hay gente que te motivara a seguir tus sueños, pero habrá otras que no lo harán, lo mas importante aquí es que debemos de realizar lo que mejor nos guste y como nos sintamos felices porque la vida solo es una y hay que vivirla al máximo y principalmente la libre expresión que este país nos ofrece, aunque días mas tarde el cura reaccionó que sus actitudes no fueron las mejores y sus disculpas como las de muchos las he aceptado y aprendido de ellos que lo mas loable es aceptar cuando se falla, sin considerar nada de rencor en mi persona. A todas las personas con las que he tenido contacto, religiosamente hablando si hubo algo en lo que fallamos mutuamente, les doy las gracias por darme los argumentos para realizar este escrito y les pido perdón por mis malas acciones.

Lo que me llama la atención de los que somos exseminaristas, es que por el hecho de haber salido de está instrucción en las circunstancias cual fueren, los sacerdotes de cualquier lugar piensan que nuestra persona o nuestra palabra no tiene validez al grado de creer en unas cuantas personas mal intencionadas.

Hace un par de años atrás, participaba activamente en grupo juvenil de una comunidad cerca del lugar en el que radico actualmente, con las inquietudes comunes de los jóvenes, el baile, las bebidas y el disfrute de la gente joven.

Este grupo juvenil ya existía hacía algunos meses atrás y yo solo me incorpore a estos, los jóvenes ya tenían sus esquemas y la forma de dirigir el grupo. Con el transcurso de los meses se fue dando la amistad unos con otros o mas bien un pequeño grupo de personas del mismo grupo en el que existían confidencias, revelaciones y hasta sentimientos de amor por así decirlo, era lo común de nosotros los jóvenes, mi papel era como el de cualquier otro un joven, solo que con ganas de ayudar y de buscar un pequeño acercamiento a Dios.

Las cosas se fueron distorsionando en cosas del amor, yo no era el mas guapo pero tenia mis seguidoras, pero cuando a alguien no le gusta alguien o algo solamente no se da, los problemas surgieron porque yo pensaba en comunicarle al sacerdote encargado de los problemas que empezaban a surgí dentro del grupo, actitudes que solamente unos cuantos cuatro o cinco participábamos, el resto del grupo ni cuenta se daban de lo que pasaba, cuando estos se enteraron de que yo revelaría todo lo que estaba mal en el grupo, comenzaron a unirse y preferían que yo estuviera fuera de este grupo, por ser tan directo a ellas y ellos no les convenía que se supiera lo que realizaban dentro del grupo y en su vida tan desordenada que llevaban, desde luego que yo salí del grupo y el sacerdote les creyó a ellos, lo que hice fue retirarme por casi dos años de esta comunidad, dejando verdaderos amigos y personas queridas solo por unas cuantas personas mal intencionadas, cuando ellos (cinco personas del grupo) me dijeron que tenia que salir de las reuniones dominicales después de haber sido acusado de acoso sexual y de drogadicto (que ni fumar me gusta) mes sentí derrotado por ellos, los respaldaba de alguna manera la institución Iglesia al grado de que el sacerdote estaba de su parte, pues mi palabra no era creíble por el hecho de haber sido seminarista y de no haber salido en las mejores condiciones, pero principalmente por ser cinco o seis personas contra mi, aun peor en ese momento estaba en su mejor etapa los problemas de sacerdotes pedofilos, desde luego ese cura por saber que había estado en el seminario yo tenia en verdad la culpa sin investigar el por que de los hechos, ni siquiera era todo el grupo eran solo unos cuantos, lo único que pude decirles a estas cinco personas fue pedirles perdón de algo que no había hecho y decirles que si su grupo era de Dios duraría muchos años y que si yo era ocasión de discordia era preferible que me retirara para que los designios de Dios continuaran, pero también les aclare que si su grupo estaba el mal, se destruiría en pocos días y era signo de que Dios no quería ese grupo funcionando y así sucedió, se desintegro y con el pasos de los meses me entere de que a estas personas le iba muy mal día con día. Solo quiero decir que si platico estas historias personales es para poner de ejemplo que la vida es dura en todas las circunstancias, pero que toda experiencia en la vida trae algo positivo por más negativo que parezca y que la verdad cada quien la traemos en nuestros corazones, pero principalmente que el que tiene amistades verdaderas las considere un verdadero milagro ya que hay gente que no cuenta con alguien para confiar sus penas, valoremos el sentimiento de la amistad que es el mas similar al de el amor.

Concluyendo con esta historia he regresado a rescatar a unos cuantos amigos a esta comunidad y para enterarme cuanto denigrada estaba mi persona en esa localidad, con esa información obtenida, quise mi libro de pretexto para aclarar todo y dejar en claro que no soy ningún maniático sexual ni drogadicto y que por defender mi calidad humana soy capaz de gastarme el ultimo sollozo de mi vida y la ultima gota de sudor por realizarlo, ya sean sacerdotes o laicos, soy ahora tan fuerte que pudiera encarar al mismísimo diablo con la ayuda de Dios ya que el me ha dado el valor para realizar este escrito y que como todos los que un día hemos levantado un falso testimonio, es necesario que nos retractemos y encontremos la verdadera misión que el Padre Dios tiene para cada uno de nosotros, encontrando así la verdadera felicidad y que las personas que se dedican a denigrar gente sea quien fuese lo van a pagar y no con Dios si no ante la vida que es la justa y que consideren en poner como barrera siempre la honestidad para las malas influencias, sin importar el estado de vida de cada persona o sus preferencias sexuales.

Finalizo este apartado diciendo que gracias a Dios unas cuantos personas de este grupo han tenido la suficiente calidad humana para retractarse y continuar con su vida sin remordimientos, sin olvidar que el daño esta hecho y perdonado.

Es de humanos mirar hacia atrás y ver que se pueden cosechar milagros de lo que menos espera uno y de lo mas sencillo. Cosechemos lo que dejamos sin valorar de nuestra vida pasada, para así seguir creciendo en esta corta vida que es lo que cuenta para lo trascendental.

En el seminario.

Una persona que fue mi compañero durante la formación sacerdotal, estaba a punto de ordenarse y yo sabiendo de las fallas de nuestros tiempos, decidí denunciar como un día fui yo denunciado y olvidado como cualquier otro exseminarista, esta persona fue suspendida de sus actividades y de su formación, pero como el sacerdote a cargo de el no guardó el sigilio correspondiente, le comentó todo lo que yo había denunciado y este (mi compañero) se comunicó conmigo para pedir que me retractara de lo denunciado y creo que fallé al aceptar sus chantajes me retracte aún sabiendo en mi interior y en el de el que era verdad la denuncia que había hecho, porque al parecer lo que yo hice en mis tiempos seminaristicos solo los tenia que pagar yo, porque según el, eso ya lo había borrado de su mente y estaba arrepentido.

Por el contrario cuando decidí entrar aun seminario local e los Estados Unidos me fue negada la posibilidad de entrar por lo errores cometidos durante esos tiempos, espero que tampoco llegue a la ordenación porque seria algo malo para la Iglesia como muchos que están en la jerarquía ocultando la debilidades humanas.

No puedo dejar de mencionar la personas buenas y santas que hay en la jerarquía católica, los religiosos y religiosas de claustro entre diferentes pastores de todas las iglesias y religiones, poca gente que si merece estar al servicio del altar son los que irradian, amor, paz y tranquilidad.

Quiero ser sincero conmigo mismo, que en mi interior existe el temor al escribir esto, porque se que al leer este libro las personas que me conocen en mi diócesis sabrán quienes son cada una de las personas aquí mencionadas y pueden tomar represarías, pero me vienen a la mente las palabras de la Escritura donde revela que "la verdad no hará libres". Pero acuso directamente a estas personas en caso de cualquier ataque y anexo nombres de responsables en mis archivos particulares

incluyendo enemigos contemporáneos de mi localidad en Estados Unidos.

CAPÍTULO TRES

MILAGROS DENTRO DEL PRESBITERIO

Considero que dentro del clero, hay muchos milagros que tal vez por la rutina no los puedan ver o peor aun, les dejen de dar la importancia que tienen.

Cuando alguien tiene que hablar bien de una persona o de algo siempre es muy difícil, pero es bueno reconocer las virtudes de los demás por mas difíciles que sean.

LA EUCARISTÍA

Es el milagro mas sublime que alguien con el Don del sacerdocio puede realizar, al grado que cuando uno hace algo en el nombre del Padre del Hijo y del Espíritu Santo, todo puede suceder y lo que querramos lo podemos alcanzar.

La Eucaristía nos da la posibilidad de reconciliarnos con el Padre en el acto de contrición "el yo confieso" al mismo tiempo de escuchar la Palabra que da vida y profundizar en el mensaje del Espíritu Santo. Confiados en que el Padre utiliza al sacerdote para trasmitir su mensaje, escuchamos la Homilía mejor conocido como el sermón, tratando de tomar lo mejor de las palabras inspiradas del representante de Dios.

En sí la Eucaristía esta llena de milagros, pero con la gran diferencia que tenemos que descubrirlos en cada Misa y vivirla como la primera, laicos y sacerdotes, aunque las Iglesias estén llenas de misas, debemos tomar lo mejor de cada una.

Lo que mas me gusta de este acto es el momento de la Epiclesis consacratotia, (consagración) o sea cuando el sacerdote pone las manos sobre la copa y la ostia.

Una vez mi director espiritual me explicaba este momento de una manera muy sencilla decía:*"la consagración es el momento en el que cuando el sacerdote pone las manos sobre las ofrendas, baja el Espíritu Santo juntamente con un sin numero de Ángeles a continuar alabando al hijo de Dios, es por eso que todos nos ponemos de rodillas, como continuando con el ejemplo de los Arcángeles que Dios Padre manda*" el cura continuaba con su cuento sencillo pero efectivo para mi:"*si un día Dios mando a su Hijo solo y lo tratamos mal ahora no, hoy en día viene acompañado.*, *a ese pan, que aunque parece sencillo tiene la gran misión de guardar al cuerpo de Cristo"*, concluyó.

En si la Eucaristía es el complemento perfecto del todo agradable a Dios, porque existe todo tipo de alabanza y cuestiones que son irrefutables ante los dogmas dictados por la Iglesia Romana.

A este milagro se le debería dar las importancia que merece y al mismo tiempo ser considerado un poco mas por sacerdotes y que los laicos exijan la explicación de cada uno de los pasos de este rito, que aunque los sacerdotes creen saber toda la teoría acerca de este punto, no existe la importancia necesaria a este acto de amor, por parte de

Dios para los hombres.

En si la eucaristía como milagro el lo mas notorio que podemos pedir los Cristianos Católicos, que por supuesto habrá otro tipo de opiniones en diferentes líneas cristianas, en lo que si quiero insistir, es que el pueblo debe pedir es se explique cada uno de los pasos de la Eucaristía, principalmente como, la homilía, la epeclesis, la doxología y las palabras que necesitan un poco de traducciones al lenguaje sencillo de nuestra gente, porque aunque hay gente diariamente en la Iglesia, muchos o mas bien la mayoría no saben cada uno de sus pasos de este milagro y piensan que con asistir al templo son los mas dignos de Dios.

LA CONFESIÓN

"Perdonen los pecados en el nombre del Padre del Hijo y del Espíritu Santo, a quien se los perdonen se les serán perdonados y a los que se los retengan serán retenidos".

Palabras de la escritura para los

elegidos y dignos de Dios, este es uno de los sacramentos que mas admiro de los sacerdotes en mi experiencia seminarística nunca escuché algo como revelar un secreto de confesión, en sí a este sacramento es uno de los pocos a los que le temen y le respetan los presbíteros y que nosotros los laicos podemos decir de lo que estamos arrepentidos, por nuestros actos delictivos en los mismos oídos de Dios, podrá haber sin número de fallas de los representantes eclesiales pero la confesión es algo que vi muy perfecto en la práctica sacerdotal.

La misión del sacerdote en este sacramento, es el de escuchar, aconsejar y perdonar, desde luego este sacramento es válido solo para las personas que verdaderamente estén arrepentidas y que prometan delante de Dios, que no lo volverán a cometer, de lo contrario la confesión no tiene ninguna validéz y desde luego la penitencia no tiene ningún caso realizarla, pues en la conciencia de cada quien existe el remordimiento de que al momento de este sacramento no existió el arrepentimiento necesario.

Un acontecimiento muy especial que sucede dentro del seminario es el momento de nuestra confesión, siempre buscamos al sacerdote que menos penitencia impone, pues da mucha pereza realizarla, tal vez porque hay otras cosas mas importantes en las que podamos ocupar nuestro tiempo.

Lo poco ético dentro de el grupo de sacerdotes que componen la formación de los alumnos en el seminario, es cuando el Obispo propone algún director espiritual (sacerdotes encargados de la vida interior de los alumnos, secretos que los curas no deben revelar por mas duros que sean, estos juzgan al alumno desde el punto de vista del interior), al grado de prefecto disciplinar (estos son los que juzgan a simple vista y no se les permite confesar a los alumnos) y sobre todo si en el sacerdote no existe tal capacidad de enfrentar este reto, tal es el caso de el seminario en el que estudie en estos momentos se vive algo similar, pero en fin el mundo esta lleno de caras que parecen sinceras pero con un interior muy falso.

Recuerdo que mis formadores todos eran jóvenes y no tenían la experiencia que pide el concilio, solo por tener un estudio en Roma, después de haber terminado su formación sacerdotal, los hacían dignos de ser formadores de los futuros pastores, creo que por eso viene la mala formación, por la inexperiencia que existe en estas personas.

El señor Obispo siempre ponía a cargo a sacerdotes jóvenes pues como eran los que se iban ordenando, no se quejaban mucho sobre el difícil trabajo del seminario a diferencia de los curas con experiencia, que si se les asignaba estos puestos no obedecían, se apoderan de sus parroquias y no las quieran soltar, al grado que hay sacerdotes que duran muchísimos años en un solo pueblo, esta clase de sacerdotes lo que los caracteriza es su mal humor y las pocas ganas de continuar con su misión, a pesar de haber prometido obediencia a su pastor.

LA COMUNIÓN

"El que coma de este pan y beba de este vino tendrá vida eterna". Se nos hace tan común recibir todos los días el cuerpo de Cristo a curas y seminaristas que a veces o siempre, no existe una preparación espiritual antes de tal acto, tal y como nuestro pueblo lo hace, Hay momentos en los que duramos hasta un año sin previa preparación, principalmente sacerdotes o en ocasiones mas tiempo pues en ellos no existe el menor remordimiento de ingerir a Jesús con el cuerpo lleno de pecado.

Insisto que todo lo que digo es porque lo vi y curas que decían ser amigos me lo confirmaban, lo laxos de conciencias en sus pobres vidas espirituales.

Lo antes escrito es como: Milagros que al parecer para todos se les hacen tan comunes y necesitan ver un milagro como algo mágico y así reaccionemos, pero no hay suficiente fe para pedir algo que no podríamos comprender, porque si no entendemoslosmilagrosantesmencionados, como la eucaristía, la confesión y otros "*Yo les aseguro que no verán prueba más grande*".

Por ese motivo nuestra gente encuentra muchos milagros en otras partes que desde luego para la Iglesia no tienen la mayor importancias, porque ellos quieran que los milagros solo se den en su Parroquia y en frente de ellos, pues se consideran los dignos enfrente de Dios.

Pero recordemos que cuando Jesús vino no les llamo a los sumos-sacerdotes, si no a la gente sencilla como María y José... con esto quiero decir que la Iglesia pongan más atención a los milagros de la gente, por que verdaderamente en esos lugares es donde está Dios manifestándose con la gente, como María y José, con la gente sencilla.

Creo que más vale ponerles algo de atención y no considerar que eso sea algo que nace de la imaginación de la gente... Recuerden Sacerdotes que a ustedes de

todas las actitudes se les va a pedir cuentas principalmente del pueblo que se les encomendó, incluyendo la casa seminario y las de los mismos sacerdotes.

CAPÍTULO CUATRO

MILAGROS DENTRO DEL PUEBLO DE DIOS

La necesidad de un milagro dentro del pueblo de Dios, es lo más notorio en nuestra actualidad, el hambre de fe que estos tienen es desesperante ya que en nuestros tiempos miramos más anti-milagros en los representantes de las diferentes religiones, que los milagros que nacen del corazón. Considerando que los milagros son las cosas sencillas de la vida y que Dios los proporciona solo a las personas que lo merecen, como la amistad, tener trabajo, salud, despertar y poder ver un nuevo día, pues no todo el mundo tiene las características antes mencionadas, por el contrario considero que los antimilagros son las actitudes de la vida que no son honestas para la integridad de la persona.

Los milagros dentro del pueblo de Dios son sencillos y valiosos ya que ellos verdaderamente creen en los pequeños milagros que Dios le manda a su vida ordinaria y todo eso que parece tan sencillo el Padre Dios se los manda únicamente a las personas humildes y sencillas de nuestro pueblo a diferencia de los aristócratas y los letrados que en muy pocas ocasiones ven un verdadero milagro por parte de Dios incluyendo sacerdotes, que como lo dije antes, la vanidad y la soberbia son sus mejores milagros que ellos mismos han escogido como parte de sus vida.

Y como lo escribí al principio para la gente un milagro es que el representante religioso le atienda durante un buen momento y no solo unos segundos y de carrera, porque gracias a nosotros como pueblo ustedes los sacerdotes y los pastores es que existen, comen y son lo que son, por el servicio que deben prestarnos.

Que a los representantes de Dios nunca se les olvide que sin el pueblo ellos no serian iglesia, y que el pueblo a quienes ellos se consagraron no quieren una orientación espiritual de carrera y de mala gana, mas vale un ministerio que se tome con calma que querer abarcar mucho y en verdad no hacer nada.

Para que exista religión y fe en algo, se necesita de un Dios y de un pueblo, así el uno del otro irán de la mano y no existe uno sin el otro, donde la misión del sacerdote pasa a ser únicamente de mediador, claro con un poco mas de conocimiento acerca de las doctrinas teológicas (Dios).

Por lo tanto para que nazca un milagro solo se ocupa de un Dios y de un pueblo, por este motivo Dios se manifiesta en cualquier cosa a su pueblo, como en la actualidad lo vemos en la televisión son diversos los medios que ocupa Dios para su misión, desde un árbol, una tortilla quemada y en cantidad de cosas que vemos todos los días, la comunicación que existe entre Dios y su pueblo, son pocas las ocasiones en las que la Iglesia cree en estos milagros porque se sienten desplazados y piensan que si Dios quiere manifestarse en algún milagro para eso están ellos, saben que no son necesarios para una comunicación o para interrelacionarnos con Dios, prefieren decir que eso no es verdadero o en su defecto mantenerse al margen de lo ocurrido, que aceptar que no son necesarios para que Dios se comunique con su pueblo, pero no se ponen a pensar que talvez Dios no los toma en cuenta porque ellos andan ocupados en como obtener riquezas terrenas y no las trascendentales.

Seamos realistas, solo los grandes milagros han surgido a través de los tiempos en la gente sencilla, Juan Diego es el vivo ejemplo.

Me atrevo a asegurar de que Dios esta en cada uno de los milagros que vemos en la actualidad, no los hagamos a un lado, creamos en los mensajes de Dios, desde el mas sencillo hasta lo sublime, siguiendo el ejemplo de Juan Diego que con su perseverancia y con los obstáculos que ponían los sacerdotes de sus tiempos logró comunicarle a el pueblo lo que Dios verdaderamente quería de El (Juan Diego), por eso les sugiero que en nuestra actualidad todo lo que sucede a nuestro al.rededor es obra de el Creador.

Tomemos en cuenta los mensajes de desastres naturales que el Señor envía, no se necesita estar afiliado alguna religión para ser salvos, las palabras y las buenas actitudes, pero sobre todo el dolor humano es lo que nos conduce a la verdadera salvación, puedo estar tan seguro que el ya es feliz en que este mundo se considere querido por Dios siempre y cuando las acciones sean buenas, pues la primera pregunta que no hará Dios será cuestionarnos si fuimos felices en este mundo, ya que es al primer llamado que Dios no hace, es el llamado a la vida pues a nadie se le pregunto quien quería nacer, hubo otras personas que no lo pudieron hacer y por lo tanto nos convertimos en personas especialmente llamados a vivir y a ser felices. Concluyendo, que las personas que desperdicien sus vidas en alcohol, drogas y destrucciones físicas y espirituales son personas que dan lastima pero al mismo tiempo necesitan muchísima ayuda y comprensión de las personas que los rodea, haciendo así de la vida un anti-milagro, haciendo alusión a la misma como un verdadero y gran milagro, por lo tanto aprovechémosla como tal.

Religiosidad Popular

Esta característica es propia únicamente dentro del pueblo, como su nombre lo dice popular, es algo que la misma gente ha considerado que es importante, por el valor histórico que tienen, en ocasiones algunas actividades religiosas, nunca son consideradas un don dogmático para la iglesia universal, pero que en si es donde surgen las manifestaciones mas grandes de Dios para con el pueblo (los milagros).

La religiosidad popular no es otra cosa que la necesidad relevante de encontrar la presencia de Dios, ante las prioridades de fe, con las que se encuentra el pueblo, el buscar a Dios en cosas consideradas poco validas o nulas para la iglesia universal (católica)es el símbolo mas grande de fe otorgado de parte de Dios hacia el pueblo.

Considero que este termino (religiosidad popular) es el acto mas noble y sincero de la iglesia católica para con Dios porque nace verdaderamente del corazón y de la transparencia y de lo puro de una alma que solo Dios y la persona lo saben, es ese un contacto tan intimo en el que ningún pastor puede influir ya que esta acción se puede realizar desde el lugar donde te encuentres en la mas intima comunicación con el Padre Eterno, lo puedes realizar en el auto, cundo vuelas en un avión, en cualquier lugar de tu casa y la interrelación de la persona con Dios es la misma como si tu estuvieras en un lugar sacro (santo), no necesitamos realizar actividades de oración exclusivamente en un templo o viajar a lugares de apariciones marianas o de otra índole para estar cerca de Dios.

Existen personas que piensan que por estar cerca de un sacerdote o por aportar mas limosna están mas cerca de el Cielo, lo interesante de la religiosidad popular es poder manifestar lo que sentimos en cualquier lugar, con todo tipo de personas y principalmente ayudando al que mas lo necesita, recordémosle a los sacerdotes y representantes de Cristo que ellos están para servir y no para ser servidos, pero en la actualidad eso se les olvido y solo esperan ser atendidos como alguien soberano.

Enelmundodehoyhaysacerdotese Iglesia en las que hay horarios tanto para confesar, como para visitar a Jesús Sacramentado y esta actividad principalmente Jesús en la Ostia no sabemos cuando lo vayamos a necesitar, no es algo comercial en las que hay que hacer citas u horarios, porque es diferente hacer oración en tu casa que enfrente del verdadero Dios.

Recordemos también a los sacerdotes y Pastores que las iglesias o templos son de el pueblo, inclusive el lugar donde viven no es de ellos, es un lugar que la gente les proporciona en lo que hacen su apostolado en cierta iglesia particular, lo recuerdo en este momento porque parece que estas cosas se nos olvidan a ambos, a los pastores y laicos o sea al pueblo.

Concluyo: Esta acción (religiosidad popular) es lo que nos dicta el corazón a realizar y que en ocasiones la misma iglesia no las considera importantes, pero que es el más grande milagro dado por el mismo Dios.

Yo como escritor, exseminarista y laico, soy ahora parte de la religiosidad popular de todo un pueblo, aunque para la jerarquía inclusive para los mismos seminaristas la oración de un ex-seminarista no es muy valida como la de ellos, pero se que si, por que soy ahora sincero con la gente, pero principalmente conmigo mismo.

No he tenido muy buena experiencia en los ambientes eclesiales, como antes lo mencione, pero se desde mi interior, que no he fallado, al grado de sentirme completamente libre y recuperando a los verdaderos amigos a los que nunca se van y están en lo necesario de la vida.

En mi experiencia popular en este país he sido conocido por casi toda la comunicada latina de esta ciudad y gracias a mi discernimiento de vida he sabido escoger a mis amistades y mis preferencias, al grado de enfrentar a las personas que sean necesarias, porque me considero honesto conmigo mismo y con los que me conocen, enfrentando así las verdades de la vida que sean necesarias poner en claro.

Hambre de fe.

Cuando hay hambre de la gente por la comida regular, se busca en los lugares mas inhóspitos que uno se pueda imaginar, hay gente en diferentes partes del mundo donde el alimento vital se la busca hasta en los basureros y en los lugres que menos se imaginan los poderosos y los representantes de las diferentes regiones.

Es así como se busca la fe, cuando alguien esta hambreado de este término, solo que la fe no se encuentra en esos lugares, en ocasiones no esta ni en las mismas iglesias donde en teoría debe de estar y en práctica supera la realidad.

Cuando se esta ambiente de fe es la

situación mas triste que una persona puede experimentar, la depresión, la soledad, inclusive los vicios son los mejores compañeros de esta ausencia, porque el que no la tiene no cree en lo trascendental ni en las cosas de Dios, es necesario que el ser humano sea un ser de fe, porque al momento de morir no lo puede hacer, pues no sabe que hay mas allá y tiene miedo de lo que pueda encontrar a lo desconocido a diferencia del que la tiene y la experimente, la muerte para ellos es un verdadero placer, donde la espera por el encuentro por el todo Poderoso es lo que mas se desea, el descansar para siempre tanto que se convierte en un símbolo de paz y tranquilidad.

El termino fe es algo muy universal en el que cada quien puede expresar su propia opinión, como el catecismo de la iglesia católica lo dice, es universal mas teológica la definición del termino pero verdadera y desde luego se escucha mas bonita.

Los laicos no necesitamos escritos ni definiciones que se escuchen bonitas, queremos experimentar el termino y que esta a la vez sea retroalimentada, no solo por los representantes de las iglesias, si no también por nuestros propios padrinos de bautismo que de alguna manera se comprometieron a retroalimentar la fe de sus futuros hijos en el bautismo en el Espíritu Santo, algo por lo que como coeducandos (segundos papas) daremos cuentas al Dios de el cielo y la tierra.

"Si tuvieras fe como un granito de mostaza, esto dice el señor, tu le dirías a las montanas muevanse y las montanas se moverán" dice la escritura.

La fe se ha convertido en un termino difícil de alcanzar, quisiéramos hacerlo exactamente como lo dice la escritura y como arte de magia mover las montanas pero las palabras de la escritura en ocasiones son tan literarias que deberíamos sacarle el verdadero mensaje que tiene la Biblia para cada uno, tanto que este libro (la Biblia) es la riqueza mas grande de la humanidad ya que le dice a cada ser humano algo diferente, esa es la riqueza de los escritos bíblicos, pero la riqueza mas

grande es cuando experimentamos nuestra propia fe, que esta va mas allá de términos, la experiencia de vida en tener algo en mente y poder llegar a realizarlo o creer en uno mismo como persona en cualquier circunstancia de la vida, convirtiendo los obstáculos en algo ligero en el servicio a los demas y así encontrar el verdadero sentido de experimentar la fe.

La fe en si es un verdadero milagro y que el que este hambriento de fe busque en lo que mas quiere en la vida o cuando las ganas de vivir se acaban busque la fe (no en Dios porque no se ve y en ocasiones no lo alcanzamos a comprender) si no en los talentos que podemos desempeñar y tener en cuenta que Dios nos los dio no para estar guardados sino para ponerlos al servicio del mas necesitado, y no olvidar que Dios verdaderamente realiza milagros en cada uno de nosotros para que terceros los usen.

Abusando de la fe de los más pobres.

Al decir abusando de la fe de los mas pobres, me quiero referir a los ámbitos, políticos religiosos y sociales.

AMBITOS

POLITICOS

La fe que tiene el pueblo en la democracia política, es poca, principalmente en Latinoamérica, las promesas se han convertido algo con lo que viven los ciudadanos de cada localidad , pueblo o nación, la justicia política se ha convertido en algo reservado para poderosos y para los niveles económicos buenos.

Nuestra gente tiene fe año con año o sexenio con sexenio o cada tres anos, (dependiendo de donde seamos) en el cambio, un cambio que nunca llega y que la espera se ha convertido en años y no solo en pocos, sino en décadas en México por ejemplo.

Podemos decir que la espera ha sido en casi por 100 anos, por una estructura política sin moral, ni principios de humanitarios, la fe de la gente es tan grande que se sigue esperando aun de haber muerto en la espera sin tener resultados., eso es abusar de la fe de la gente popular lo considero hasta como una burla social, que nuestros países sigan dependiendo de la economía de otros países industrializados y de la emigración de sus conciudadanos a los países ricos, somos miles los latinos que nos sentimos orgullosos de un país que no es nuestro, por que a pesar de nuestros estatus legales somos los mas dedicados al trabajo y somos tan fuertes que no nos importa atravesar las barreras del idioma, de frontera y principalmente a la cultura ajena., un lugar donde hemos sido rechazados por gente de poca capacidad mental.

Los que vivimos en país extranjero y sufriendo las atrocidades de la vida, es gracias al abuso de fe de las autoridades de nuestro país, por no cumplir con lo que año con año prometen.

No entiendo a los políticos de nuestros países en el momento de realizar campanas electorales, la capacidad de cinismo para ver a la gente de frente y saber muy en sus interiores que no les van a cumplir nada, que solo buscan estar en lugares privilegiados de poder y alto mando.

El abuso por el más débil existe en todo el mundo pero recordemos que el inteligente vive hasta que el débil quiere, el poder se les acaba cuando hay unión y la voz popular se pone en guardia, no permitamos solo promesas.

Es mejor que a cada promesa un compromiso y si no se cumple una, esperaremos la otra y si ninguna se cumple tenemos el derecho de hacer ver que su trabajo y la falta de credibilidad a una promesa se debe de cumplir, porque recordemos que los latinos somos hombres de palabra en una pequeña acepción, los políticos, por el abuso de fe que el pueblo tiene en ellos.

Políticos no abusen de ese sentimiento de esperanza mejor retroalimenten las individualidades en los ámbitos sociales.

RELIGIOSOS

Definitivamente la fe de los mas pobres son los que sostienen muchas de la iglesias que conocemos, de antemano los representantes eclesiales saben que esta gente nunca los abandonaran ya que, aunque no se tomen en cuenta como el pueblo quisiera siguen fieles a las doctrinas que de antaño ya conocen, en este sentido se abusa de la fe los mas pobres, que aunque no son muy considerados siguen ahí. No se me puede olvidar que este tipo de gentes siempre son los que están dispuestos a ayudar incondicionalmente, sin importarles que en ocasiones no se les tome en cuenta, la gente sencilla siempre están en mis recuerdos de mis actividades pastorales en diferentes puntos de mi estado natal, la gente no solo ofrecía el alma si no también el corazón y todas sus ganas de conocer mas de la doctrina de la nueva iglesia católica.

En ocasiones la fe de la gente es solamente la que han obtenido por sus descendencias y no por una buena catequesis a pesar de que día con día o cada concilio se renueva la doctrina. Doctrina que la gente ni siquiera sabe que existe, la catequesis en las pequeñas comunidades es importante ya que por la oración de estas personas la iglesia sigue, en ocasiones los representantes de Dios se disculpan con el pretexto de que no les alcanza el tiempo ya que la demanda es mucha, pero que les parece que en algunas parroquias existen hasta una docena de Misas en un solo domingo, dejando a la gente igual a como entro, los laicos (la gente) debemos de ser mas exigentes en cuanto evangelización se refiere.

Abusar de la fe los mas pobres es no atenderlos como se merecen, con todo el tiempo y el espacio que ellos necesitan, los curas deberían evangelizar de un modo mas personal, por calidad y no por cantidad y explicar todos los pasos de la doctrina sin limitarse a firmar actitas de bautizo, comunión o matrimonio o dedicarse a poner obstáculos para que la gente tome los sacramentos de una manera mas difícil, recuerden que nosotros los laicos necesitamos del servicio del sacerdote pero repito a los sacerdotes necesitan mas de nosotros el pueblo de Dios, porque los sacramentos no son de ustedes, son para que los administren y los pongan al servicio de la comunidad.

Se abusa de la fe de la gente por que el pueblo de Dios nunca se revela antes bien es sumiso y conforme ante las migajas de los representantes de Cristo, por favor que no se abuse de esta paciencia del pueblo porque si aun no se han revelado creo que están cerca de que lo hagan, solo les hace falta una ayuda para entrar en manifestaciones como en cualquier otra institución gubernamental.

SOCIALES

En el ámbito social la marginación hacia los pobres es evidente, es una marginación marcada por los de status social altos, como comúnmente se dice involucrado principalmente los creyentes practicantes que pertenece a parroquias de dinero, he tenido experiencias de gente practicante (religiosamente hablando) que piensan que por que asisten a misa todos los domingos o todos los días se hacen mas dignos de sentirse escogidos por Dios, aunque en la practica no se vea nada, he conocido gente en Estados Unidos y en México gente religiosa que margina al que menos tiene económicamente hablado y haciendo menos al que no practica alguna religión.

La sociedad margina y señala, a los pobres, a los discapacitados a los de preferencia sexual diferente y a muchos grupos de gentes.

Teniendo en cuenta que Dios no margina a nadie ni al mas indeseable, recuerden las citas bíblicas de María Magdalena y de los leprosos, la atención de Jesús hacia ellos era incondicional y los que juzgaban en esos tiempos eran precisamente la gente que practicaban la religión, esa gente se creían intocables en el ámbito religioso, pero con mas pecados que el que no la practica (religión).

Estamos en un mundo en el que el que mas tiene mas vale y el que menos tiene no vale nada, los invito a reflexionar sobre otra cita bíblica que dice así "es muy difícil que un rico entre al reino de los cielos es mas fácil que un camello pase por el ojo de una aguja" cada quien le puede sacar la reflexión que mejor les parezca a este pasaje Bíblico. La sociedad en ocasiones es cruel e inhumana al grado de no apiadarnos del necesitado y de la desgracia humana.

Incomprensión para los más pobres.

La incomprensión hacia este grupo social es marcada en nuestros países, pero también en los Estados Unidos de América, con el racismo que en ocasiones enfrentamos, pero que no nos quitan las ganas de salir adelante y continuar con nuestros sueños.

Sabemos que este país esta lleno de

gente que tiene dinero y que nosotros los mas pobres venimos a desempeñar trabajos que inclusive en nuestros países de origen no realizáramos, la comunidad latina en este país es una de las mas pobres y que la incomprensión es entre nosotros mismos, lo podemos ver en nuestros negocios Hispanos todo es mas caro desde la despensas, (el súper mercado) servicios médicos, dentales principalmente, yo no se precios pero se que se abusa en todos los ámbitos de mercadeo en comparación con el comercio anglosajón, aquí es donde veo la incomprensión hacia los mas pobres y desde luego en nuestros propios países el que tiene mas dinero es mas fácil que se le escuche o tiene mayor oportunidad de hacerse escuchar.

La incomprensión hacia los más pobres se puede ver en cualquier parte del mundo, pero basta con ver hacia los alrededores para darnos cuenta de la realidad.

CONCLUSIÓN

"No se engañen, que Dios no puede ser burlado. Pues todo lo que el hombre siembre eso cosechara."Mateo, 10,26.

Quiero concluir este libro con la grande satisfacción de haber redactado lo que mi corazón tenia guardado y que estoy completamente satisfecho de poder decir una verdad oculta sobra la vida misma y sobre una institución que creemos que solo la santidad abunda.

Espero haber dejado claro que como existen cosas malas en todos los aspectos de la vida existen las cosas buenas.

También quiero poner en claro cual es el verdadero fin de este libro.

Primero que el pueblo de Dios conozca la verdad de estas instituciones y que como laicos exijamos una educación

seminaristica mas estricta y de gente con experiencia, que no por ser sacerdotes la tengan la capacidad para formar al los futuros representantes de Cristo, también el sentido mas importante es el hecho dejar claro que posiblemente este fuera de la Iglesia Católica por decir esta verdad, por que antes de publicarlo ya estaban muchos en contra, pero solo Dios sabe la verdad de los corazones, espero que todos mi lectores tengan en cuenta que mi objetivo no es separar a nadie de sus creencias religiosas antes bien, ser unos hombres de fe.

El segundo punto es mas que nada personal, el hacer una retrospección de mi vida y recordar cada momento que viví en esta institución fue bueno para mi ya que como se titula este libro fue como COSECHAR MILAGROS en un caminar mas lento pero mas profundo, para mi recordar cada momento fue amargo pero dulce pensar que Dios me dio la oportunidad de retomar los milagros que puso en mi camino y que no los aproveche en su momento.

Quiero concluir también que no me importa la cantidad de gente que ahora posiblemente sean mis enemigos, pero sigo recalcando que es solo por decir la vedad.

Estas experiencias seminaristicas son solo en el lugar donde estudie por cinco anos, no puedo hablar por otros seminarios pero creanme que no creo que exista mucha deferencia entre uno y otros de cualquier parte del mundo.

Tampoco soy enemigo de los dogmas de fe de la Iglesia y de sus doctrinas aunque como dije anteriormente muchos católicos lo tomen como un ataque a la institución, esta es mi verdad, pero cada quien puede pensar lo que mejor le inspire, gracias a todos lo que me motivaron a realizar este libro y gracias a Dios por el estado de vida que ahora tengo, solamente El me lo pudo dar.

COSECHANDO MILAGROS fue una experiencia para mi que nunca tendré las palabras para agradecer a Dios la oportunidad de hacer esto, espero que no sea el primero ni el último de mis escritos. No es un libro de grandes teorías o de grandes citas bíblica es algo sencillo de alguien sencillo para la gente que no sabe de contenidos literarios.

En Cosechando milagros tratamos de que fuera entendible y esperamos que el fin se logre pues eso es lo mas importante.

Quiero terminar con esta cita bíblica, *"Porque no hay nada oculto que no llegue a saberse, ni escondido que no valla a salir ala luz" Marcos, 4,22.* Todo lo que hagamos mal un día saldrá a la luz, así que es mejor que demos la cara lo mas pronto posible y purificar nuestra conciencia, pues de lo contrario la vida estará llena de fracasos y el fin nunca lo verán, las derrotas serán sus principales banderas y estandartes como un símbolo a la poca honestidad y que los que sean dañados por alguien sepan perdonar sin olvidar lo que se espera de cada persona.

A ser felices, que es lo que Dios

verdaderamente quiere de nosotros y una disculpa para todas aquellas personas de la Iglesia Católica que si son santos y principalmente entregados a Dios, para ellos que son muy pocos pero que hay. Dios es grande y sabe que de estas personas se sostiene la Iglesia humana, al igual que los misioneros y religiosas (os) de claustros que Dios lo bendiga para la eternidad que sus oraciones son la fuerza de esta institución.

En esta conclusión quiero no dejar pasar la oportunidad de explicar el significado de las fotografías en la portada y del interior del libro. Escoger estas replicas son algo especial para mi, son unas vacaciones que tuve en New York muy agradables y que me llevo a pensar que entre tanta gente y tantos edificios existen los milagros, como por ejemplo en cada persona que existe en esa ciudad es un verdadero milagro caminando, solo con la diferencia que nadie hace un alto y se pone a pensarlo y desde luego en cada edificio que todo el mundo sabemos es una ciudad que aunque han pasado miles de cosas, Dios esta presente

en ese lugar principalmente y desde luego la belleza de la ciudad, todos sus edificios estructurados perfectamente no pueden ser mas que inspirados por Dios a sus diseñadores y Arquitectos.

Dios inspira a miles de personas para que los humanos miremos sus bellezas en las cosas terrenas.

AGRADECIMIENTOS

A la familia Parks, por su ayuda en todos los aspectos.

Al Sr. Josue Castillo y familia y desde luego a los Aguilar Ortiz, por ser amigos de corazón.

También a la familia Arcos por sus consejos y toda la ayuda proporcionada y desde luego a el lugar donde trabajo actualmente a "La sabrosita 810 am" y a los dueños por el apoyo incondicional. A la Sra. Wendy Silva y esposo por pensar siempre en ayudar a los latinos de esta ciudad.

Sin dejar de mencionar al Sr. Jesús Caratachea, por proporcionarme la fotografías de este texto.

www.ingramcontent.com/pod-product-compliance
Ingram Content Group UK Ltd.
Pitfield, Milton Keynes, MK11 3LW, UK
UKHW040016200726
13854UKWH00001B/231

9 781412 083867